跟著大師寫心經

一日一禪語，遇見美好的自己

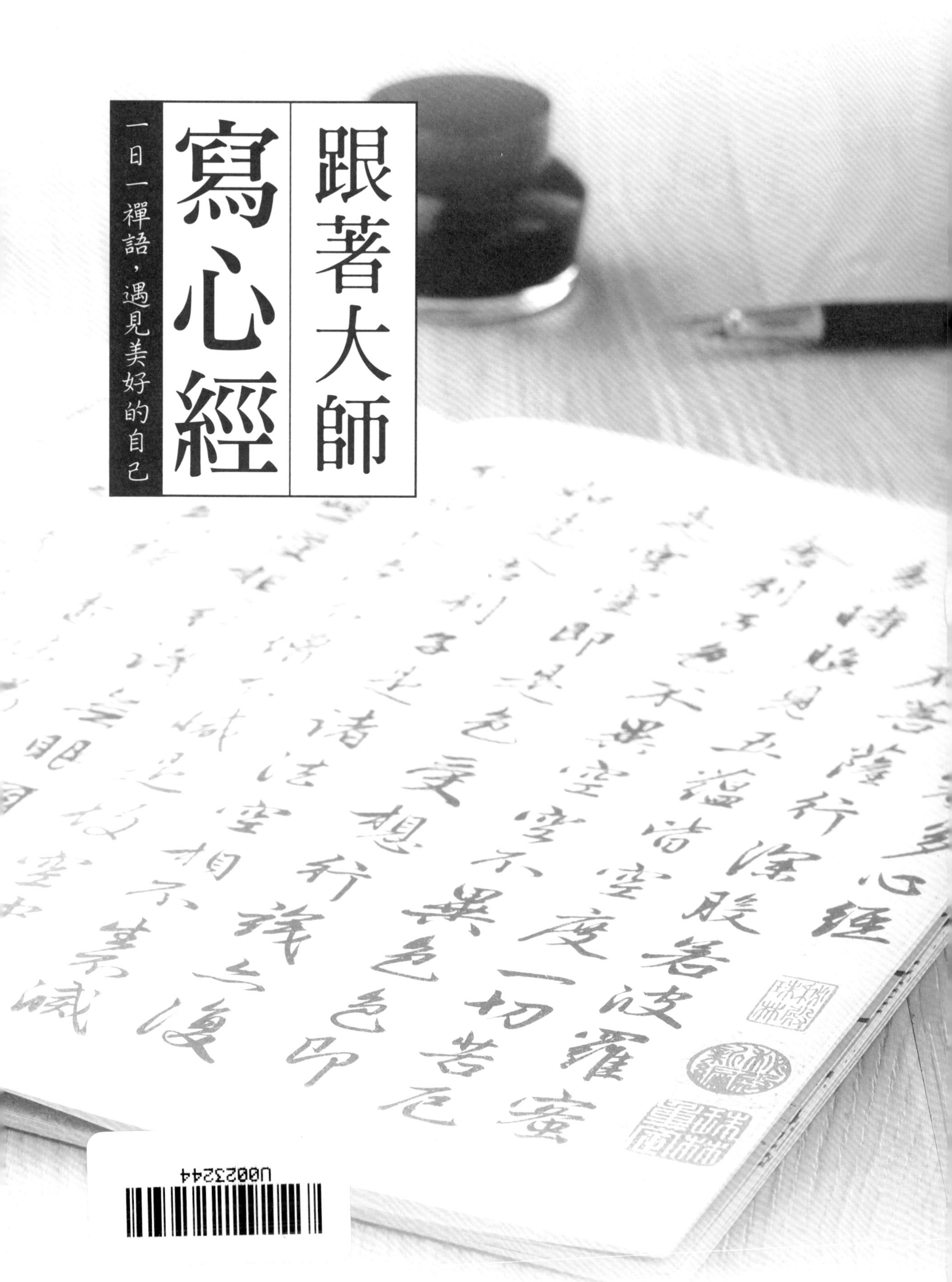

一句一禪，轉念自在！
沉靜心靈、找回正能量的抄經練習

寫出安定自在的力量

生活裡，我們或多或少都有了網路上癮症，改變了人與人之間的溝通習慣。我們需要跳脫這個系統。寫字是最好的方法！

讓人心生安定的《般若心經》

越來越多人拿起筆來抄經，據說也有和坐禪、修心同樣的效果。

一筆一畫，透過緩慢地寫字，去專注筆畫的輕重與轉折的層次。調整著呼吸，放慢速度，在撇、捺、橫、豎的落筆瞬間，學習讓心靜下來，好讓每個字的筆畫細節能自然地連貫流暢，看起來漂亮工整。

寫著寫著，心靈自然而然獲得調適。

《般若波羅蜜多心經》簡稱《心經》，是整個大乘佛教經典中最短，也是最廣為流傳的一部核心經典。全文雖僅有兩百六十個字，卻集結了《大般若經》最精華的教義，充滿人生哲理、智慧與反覆闡述「萬物皆空，法無自性」讓人心生安定的觀點。

本書我們規劃出生活中經常會出現的**沮喪鬱悶**、**煩惱迷惘**、**精神無法集中**、**心情煩躁**，及**憤怒難消**五大難以消彌的負面情緒所適合抄寫的經文，從一字一句的經文中，找回自在安定的力量吧！

當我們心煩意亂，感到沮喪，需要專注，清空大腦雜訊時，就翻開這本字帖吧！抄寫一字或一句的經文，讓心冷靜下來，感受經文所帶來的「平心、靜氣」。

寫完後，可誦讀、可留存，也可以將能量迴向給至親好友，祝福他們安然度過煩心事。

靜心、淨心！

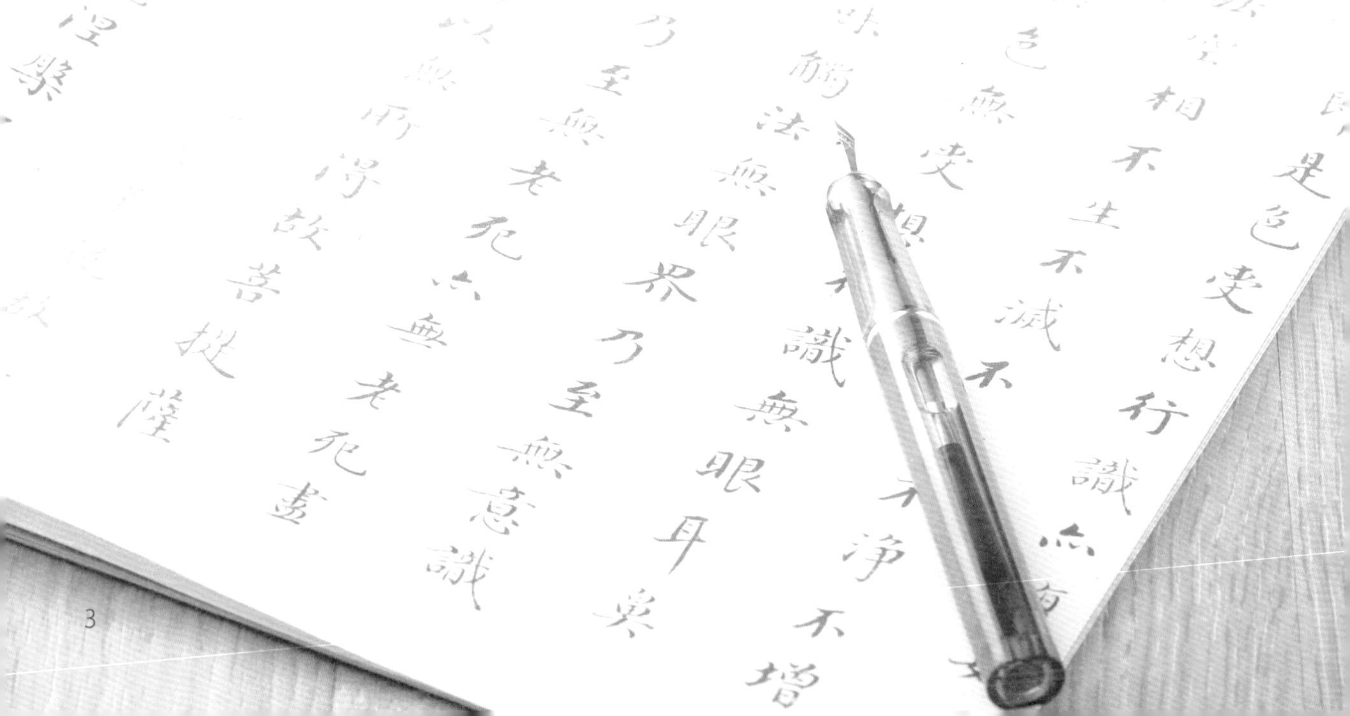

一字一句，抄寫經文的好處

《般若心經》是佛陀在深遠玄妙的修行中，參悟了宇宙和人生的真理，領悟到「萬法皆空」後，所得到安寧自在，超脫生死的大智慧。正因為這樣的體悟，而轉化成現代人的心靈良帖。

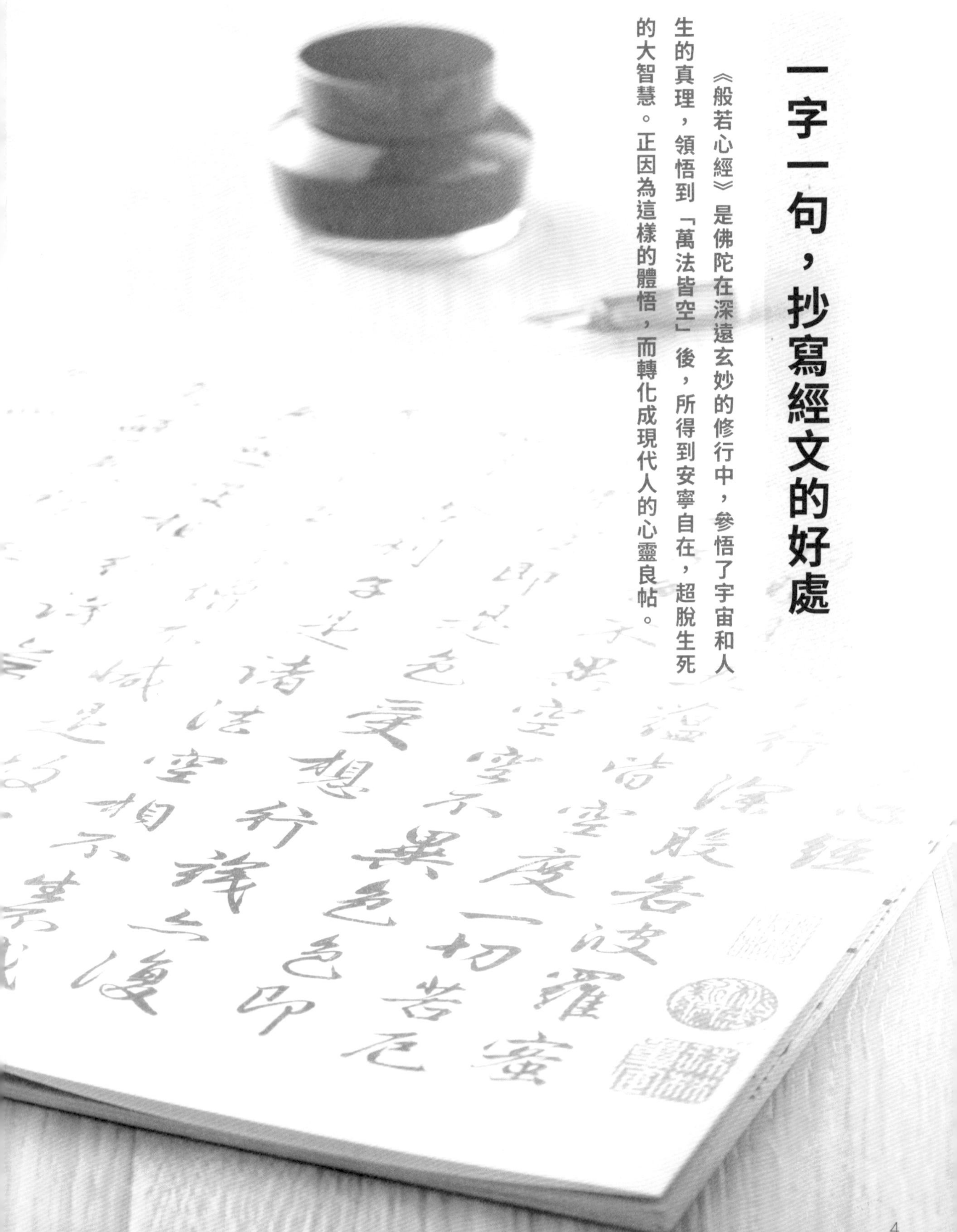

不為宗教信仰，卻能讓心中的煩雜、不安和壓力透過一字、一句的抄寫經文中釋放，使心靈自然而然獲得調適。

根據醫學研究協會報告指出，抄經和坐禪同樣具有讓人「靜心、平氣」的潛移默化作用。抄經的目的原在於個人自我的修行，不僅能練字，還能隨文觀想，帶來其它的好處。

❶提昇專注力

抄經不同於一般的書寫，需一字一句投入其中，寫著、寫著，慢慢地會心無旁騖，凝心專注，集中精神，透過抄經的過程中也將耐心提升了。

❷身心放鬆，舒壓靜心

現代人生活容易緊張，常會因為壓力而使情緒失控。在心浮氣躁，不安時，試著抄寫經文吧！

一句「心無罣礙，無罣礙故，無有恐怖，遠離顛倒夢想」能使我們隨文觀想，讓心不再害怕。如此一來，便能解除壓力，心情也跟著放鬆了，就能再度積極出發。

❸激發大腦，增長智慧

想要讓字寫起來漂亮工整，線條柔和流暢，是需要執筆的技巧與運筆的力道。需反覆練習，這就是活化大腦的最佳方法。尤其在抄寫的過程中，當我們靜下心來，才能好好思考，做出正確的選擇，讓自己的內心更具智慧內涵。

❹字變好看，坐姿也端正了

沒有人天生就能寫一手漂亮的字，抄寫時字的美醜不是重點。只要願意拿起筆來練習，藉由抄經臨摹，養成習慣後，漸漸地會發現字體正在一步一步變漂亮。

在起筆與收筆間的細微平衡中，無形地會去調整坐姿。姿勢正了，字也會變好看了。

❺善用時間，正向思考

把安靜寫字，成為日常生活中一種必備的功課，那麼在時間的調配上，更能善加利用，因為只有在這個時候，我們能放下一切煩惱，世界愈快，心則慢，久而久之，經文裡的智慧，將內化到我們心中，善用時間，學會正向思考。

本書抄寫經文的使用方法

《般若波羅蜜多心經》簡潔的文字，是所有經典裡最適合初學者用來練字。尤其本書為讓初學者或沒有時間的人可以輕鬆抄寫，特別從一字經開始哦！

抄經之前先端正坐姿調整呼吸，入門者建議使用2B以上的鉛筆較易書寫，但也可以用毛筆抄經，墨筆、原子筆或鋼筆等容易書寫的筆也無妨。

A 每日5分鐘・從一字經開始輕鬆練好字

❶每句經文

右邊都有一句或一字代表本頁經文。加入注音，方便讀誦。

❷經文解釋

將每一句經文透過白話文的解說，讓抄寫時也能了解箇中涵義。

❸臨摹抄寫

左邊為臨摹用，以右邊範本為主，再抄寫空白欄，由左至右的練習，輕鬆練，身心跟著也放鬆。

B 精心規劃適合5大心境臨摹抄寫的練習

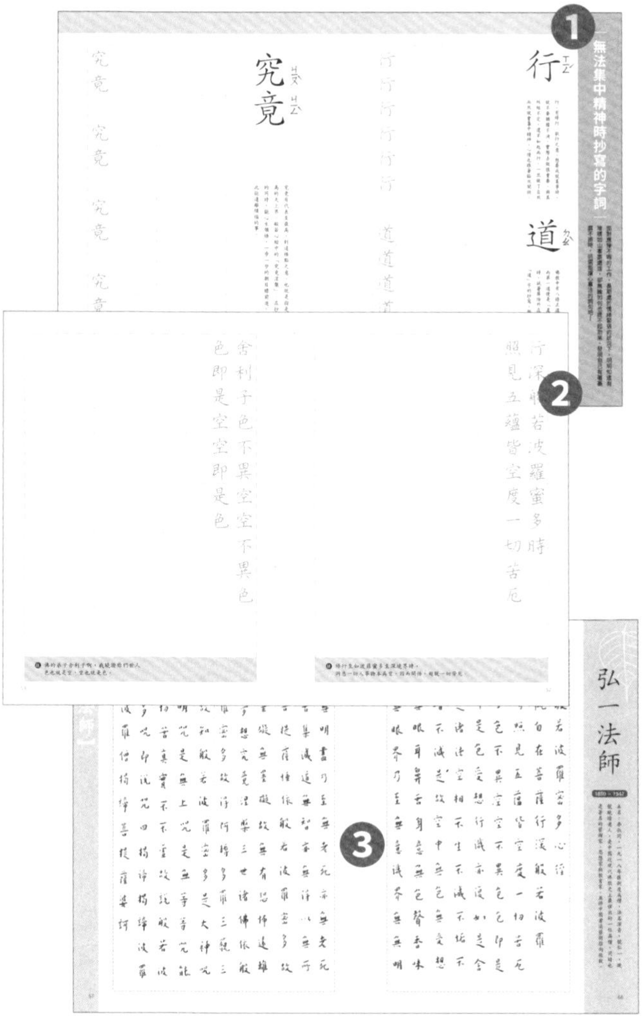

❶重點字抄寫

透過重複抄寫一字經的重點字的過程中，能專心練筆畫，也能紓解心情。

❷每句臨摹練習

根據5大心境及每日一句，找到適合自己的情緒轉換方式，讓每一天都能擁有好心情。

❸全文臨摹

跟著弘一大師、王羲之、董其昌三位書法大師一起動筆，臨摹書寫，是學習技法的最好方法，也是練好字的第一步。

❹特別裝幀

內含隨身抄經小冊子，可讀誦、可抄寫、可收藏，還可做為祈願祝福迴向使用。

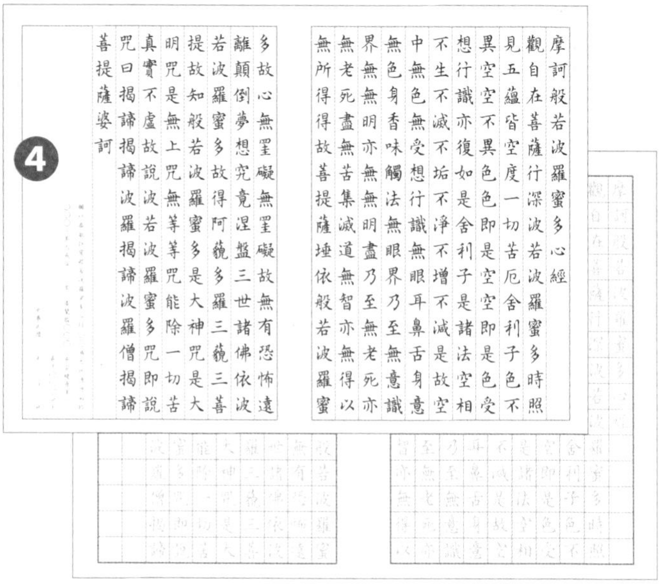

✎臨摹版練習

全文心經，以淡淡的淺灰色格子，方便臨摹，邊寫可邊誦讀。

✎祈願祝福迴向版

寫下祈願文吧！佛經裡說：「書寫經之一行半句，能夠成就大願。」就像去廟裡祈願時，會把願望寫在抄經的經文上，並將個人的戒名也寫上去哦！

註：抄經完後，可將自己獲得的功德同樣迴向給身邊的人。
這也稱得上是去除以自己為中心執著的祈願。

有利抄經的姿勢與握筆方式

抄經，有時會讓人覺得不同於一般的寫字練字，必須心懷一種尊敬的心情。洗手、漱口、穿著要整齊，這是對佛祖的尊敬。在環境上要保持整潔，調整好呼吸，讓心平靜下來。這是禮儀程序和注重。

或許，我們都沒有宗教的執著，但在對「抄經」上仍有些重點，需要堅持一下，這樣在抄寫經文的同時，才能自然而然了解經文的真諦真義。

準備好抄寫經文的心情吧！

說到抄經，大多數的人都會想在心煩意亂下，找到可以安定人心的力量。而也有人是想藉由抄經訓練定力；或想為家人祈願祝福而開始書寫經文。不管你是用何種心情開始，還是先要準備一個可好好抄經的地方吧！

✔調整一下坐姿，讓書寫更舒服

坐姿正不正確，與我們肩膀與手腕的施力點有直接的影響關係，也就會影響到握筆與書寫的姿勢囉！另外，對於眼睛與健康也會產生影響，不得不多注意一下自己的坐姿。

但由於每個人的身高、桌椅高度都不同。要如何判別正確與否呢？最簡單的就是採目測法，把身體坐正後，開始檢視：

① 兩肩同高，頭維持在正中間位置。
② 手肘微彎平放在桌面上，其高度不可高於心窩。
③ 雙腳可以自然與桌面垂直平放在地面。
④ 眼睛離桌面的距離不得低於30公分。
⑤ 書寫時，紙張以坐好的位置及直式、橫式書寫方式隨時來調整，右手執筆的人要以不擋住右眼視線為基準。

肩膀要自然垂下，心情放鬆，書寫時只要筆尖位置與身體保持中間位置即可。

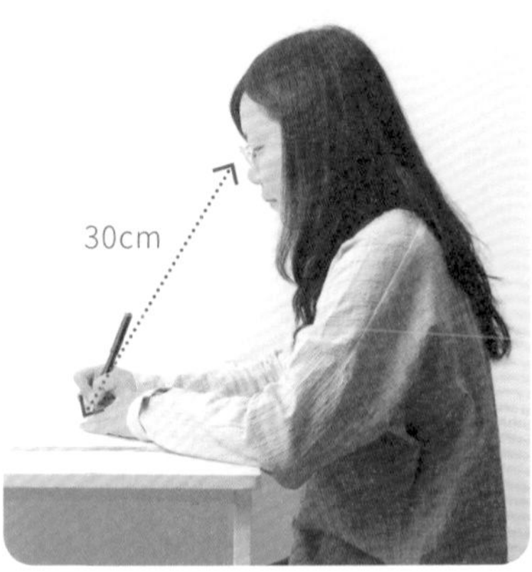

眼睛與桌面的紙張最好要距離 30cm。

正確握筆方式，讓字更流暢

執筆抄寫經文，是一件自然不過的事了，雖沒有硬性規定一定要什麼筆。但想透過書寫調和心情，用毛筆是一種挑戰，在運筆的快與慢之間，自然而然會讓心專注，把心定下來。

然而，很多人在伏案書寫之前，仍會以取用方便做為首選。如，鋼筆、原子筆、鉛筆等只要能書寫便利，字跡清晰，同時能表現字的美感與力道，都能做為很實用的書寫工具。

只不過，需要提醒的是，鋼筆的筆尖與一般原子筆、鉛筆的結構不同，出墨點來自筆尖上的銥點。因此，持筆的角度需稍微留意一下方向性，才不會讓書寫時感覺卡卡的。

墨水順暢了，就能體會到筆尖下的書寫樂趣，只要稍加留意以下幾個握筆的關鍵方式，待一旦習慣鋼筆的持筆後，就更能駕馭其他筆款，也讓寫字更有樂趣和成就感哦！

掌握住三點式抓握要點

每個人的手掌大小並不相同，筆桿的粗細都會影響到握筆的方式，但通常只要掌握住「三點式」將筆架住，接下來就是微調囉！

① 將拇指和食指輕合成圈狀。

② 將筆穿過圓圈，靠近兩指之間，不抓筆哦！

③ 中指當支點，將末三指併攏，此時筆桿就固定在三角型之中囉！

④ 執筆時，無名指和小指不需要用力，寫字才不會累。

⑤ 運筆時，就讓筆桿往後略躺在虎口上，就正確囉！

⑥ 筆桿與桌面約成45度，可使墨水流量均勻，便於書寫。

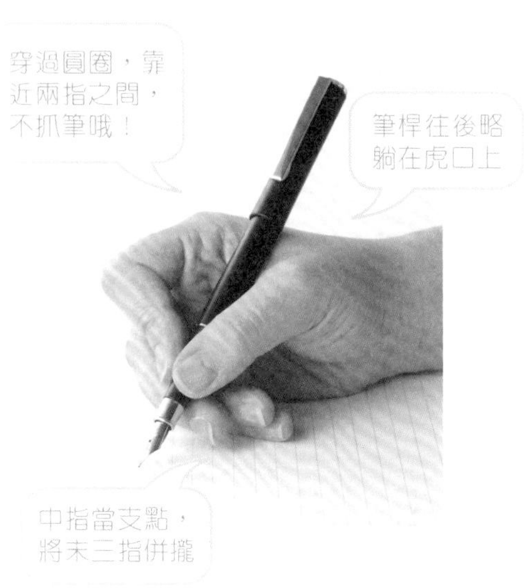
穿過圓圈，靠近兩指之間，不抓筆哦！
筆桿在後略躺在虎口上
中指當支點，將末三指併攏

掌握練字基本運筆方式

握筆姿勢不正確，會連帶影響到寫字效率及字體結構。想要把字寫好看，手腕與力道的運用也息息相關，為了要破除一開始練字的緊張，我們就先從基本線條與筆順開始練習吧！這可是掌握到書寫入門關鍵哦。

字體的外形，正是手腕力度的控制

寫字，很多人幾乎會將重心集中在寫出來的字是否好看？在這之前，我們知道良好的坐姿和正確的執筆方式，都會影響到書寫的效能。但除此之外，會讓人真實感受到手寫字的溫度與好看，就在筆畫間的提按起收、轉折的角度與線條的粗細。

而這些影響字體外形的條件，對於初學者而言，就像是執筆方式的基本動作，跟我們的「握姿」是否正確有關，是需要花點時間來練手指和腕力度的控制。另外，速度的快慢也十分重要，若能相互搭配，就能讓書寫時的力度（筆畫提按）多一份層次變化。

✔提按動作，就是對筆的控制力

提按，顧名思義，「提」，就是下筆力量要輕，把筆尖「提」起；「按」則是下筆力度要重一點，即為「頓」的運筆動作。二者之間的影響所及，在於運筆太輕，筆畫細，容易使字看起來輕飄飄，而運筆較重，則會使字體的轉折時圓中帶方，線條也會變得看起來較強勁有力。

簡單了解提、按的運行方式後，不妨試著拿起筆來，先是輕輕提筆再稍加重按書寫，這就是手腕與手指間對筆的控制力。在提按的轉換過程中，慢慢領會出筆畫間的粗細以及方圓變化。

經常練習後，便會發現寫出來筆畫線

條變得有韌性，且更具律動感和手感力。

✔速度，讓線條更流暢

寫字的快慢，對於字體的流暢度與整體結構都有相當的影響。對於剛開始在調整執筆與運筆方式時，建議，速度慢一點，才能感受行筆時的運筆節奏與線條的變化，也較能掌握字形結構。

這樣寫起字來，自然會產生不同的組合方式，不用擔心寫字會變太慢，一段時間的熟練之後，自然而然就會提高寫字的效率與美感。

一起提筆練習吧！

所有的字體都是由線條與形狀組合成，要體會運筆的粗細變化與速度，最快的方式就是從基本線條開始，讓手去熟悉下筆的角度和力道穩定度，接著再以速度來控制字形，相信很快就能找到自己的書寫風格囉！

✔練線條，也是練筆畫

先練習線條與形狀，快拿出紙筆來練習囉。我們可以從短直線、斜線、曲線開始，再到幾何圖形或數字等運筆，待熟悉後，再試著把線條拉長，做為強度加強。一但能熟稔地控制筆穩定度之後，就能輕鬆地轉換書寫，很快把字練工整，也漂亮了。

直線（線條粗細）

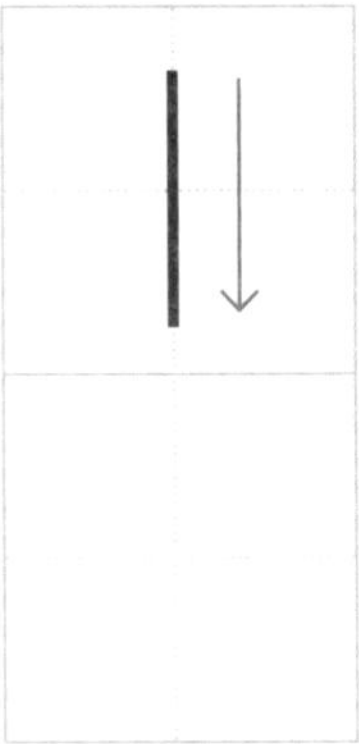

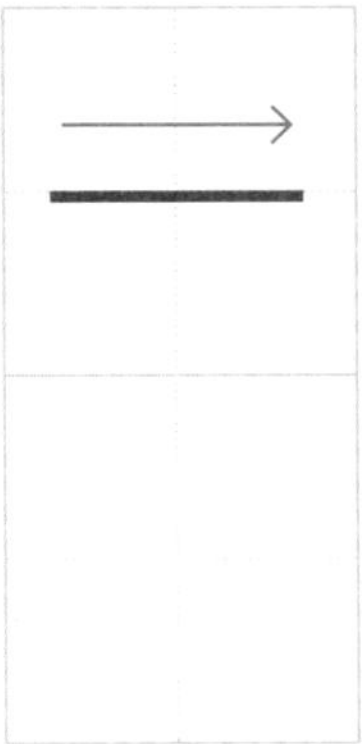

曲線（弧度）

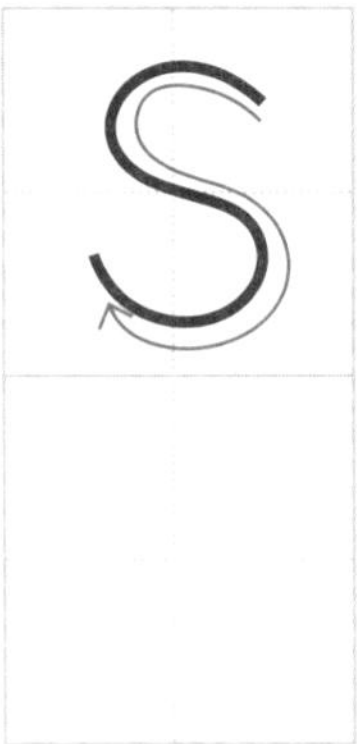

畫圓

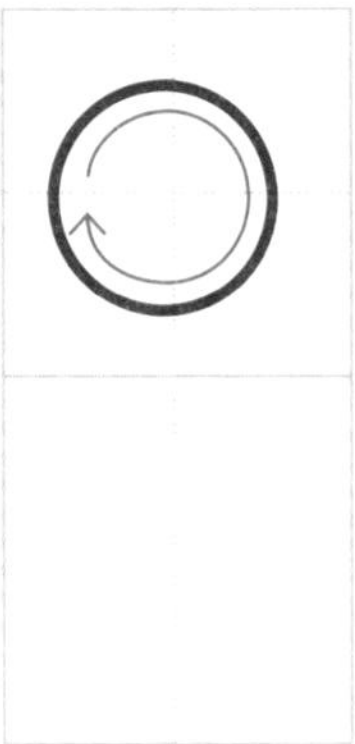

練練看

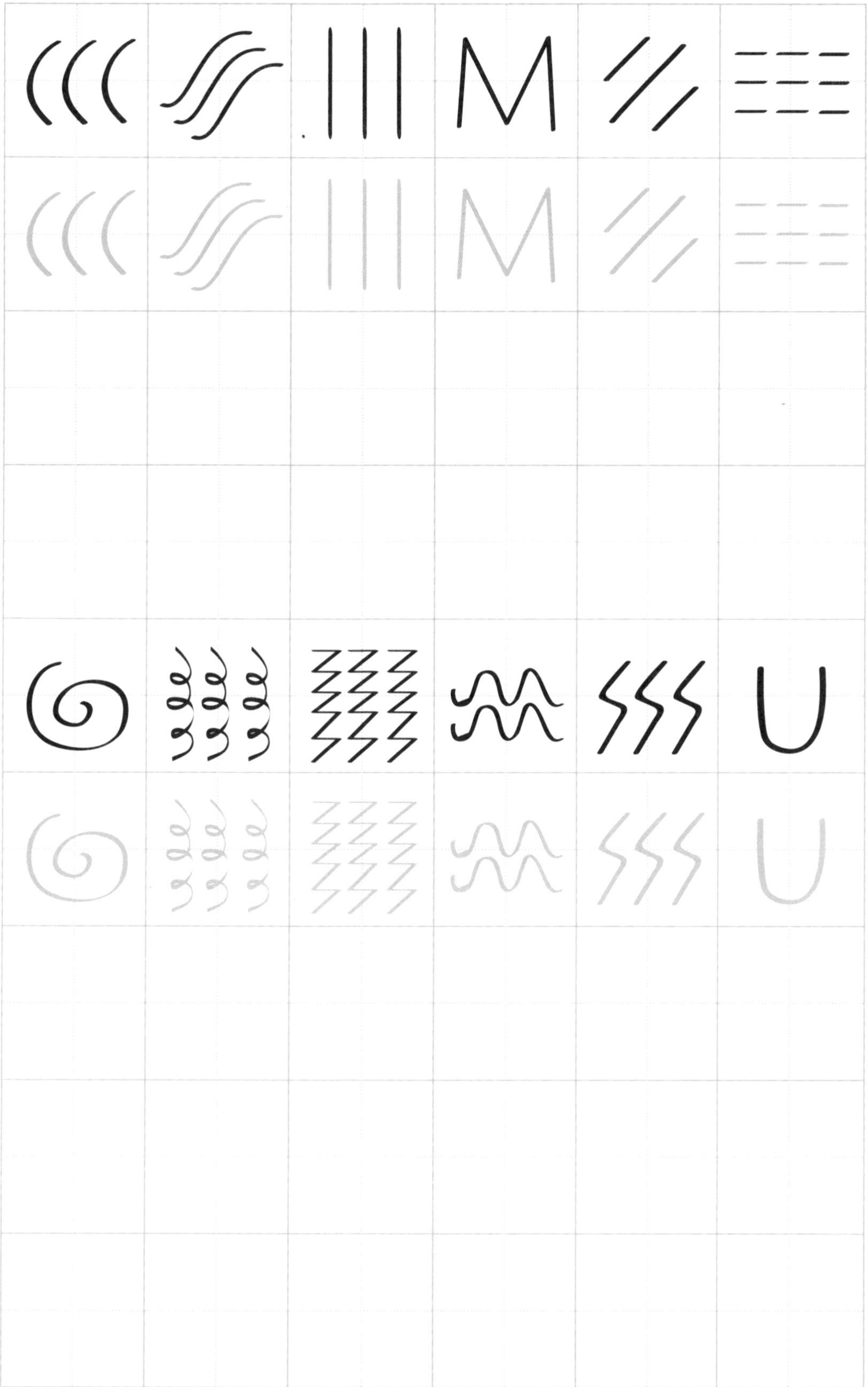

從永字八法到六大基本筆畫！

在熟練畫線的運筆練習後，就可以運用到書寫漢字的筆畫上！同時，也能瞭解筆法到筆順的先後順序，才能游刃有餘暢快揮灑。這可是對美字的練習很有助益的哦！

筆畫書寫就從永字開始

通常練字時，以往大都會從永字八法開始。那是因為「永」字中的側（點）、勒（橫）、努（豎）、趯（鉤）、策（挑）、掠（長撇）、啄（短撇）、磔（捺）八種筆法。幾乎涵蓋了中文字的所有基本筆畫。也是我們現在常用的的「點、橫、豎、捺、鉤、撇」六種練習基本功法。

所以不管是學那一種書寫體，都是要從「筆畫」先學起，便能快速找到寫好漂亮字的竅門，為習字打下好基礎。

【永字八法解析圖】

【點】

「丶」在字體上頗有畫龍點睛的作用。會因其位置，點法而出現多種變化。可細分為右點、左點、豎點和長點。

範例	文	心	點	頭
練練看	文	心	點	頭

【橫】

「一」在字體上常扮演著平衡的角色。橫不平則字不穩，容易歪斜。要字看起來穩重，一開始下筆要重，向右漸漸放輕，收筆時再略按一下。

範例	練練看	
一	一	
土	土	
上	上	
十	十	

【豎】

「丨」就像骨架一樣，有支撐作用。起筆時要平壓，略往內再垂直向下，寫出端正挺直的線條。垂露收筆時稍重；懸針豎則輕輕提起即可。

範例	練練看	
升	升	
士	士	
串	串	
羊	羊	

【鉤】

「亅」常是連著其它筆画，有豎鉤、橫鉤、直鉤、彎鉤等多種寫法。以豎鉤為例，運筆到起鉤處，需稍停，再往側面鉤出，出尖收筆。

範例	練練看	
到	到	
家	家	
成	成	
也	也	

【撇】

「丿」具裝飾性，常與「㇏」相輔相成，有平衡作用。以斜撇來說，下筆由重到輕，收筆時出尖。

範例	練練看	
千	千	
人	人	
禾	禾	
乃	乃	

【捺】

「㇏」的筆画劃粗細分明，線條優美有致，有斜捺、平捺之分。運筆方向從左到右，從上到下，到合適的位置時向右漸漸提起收筆。

範例	練練看	
大	大	
之	之	
火	火	
起	起	

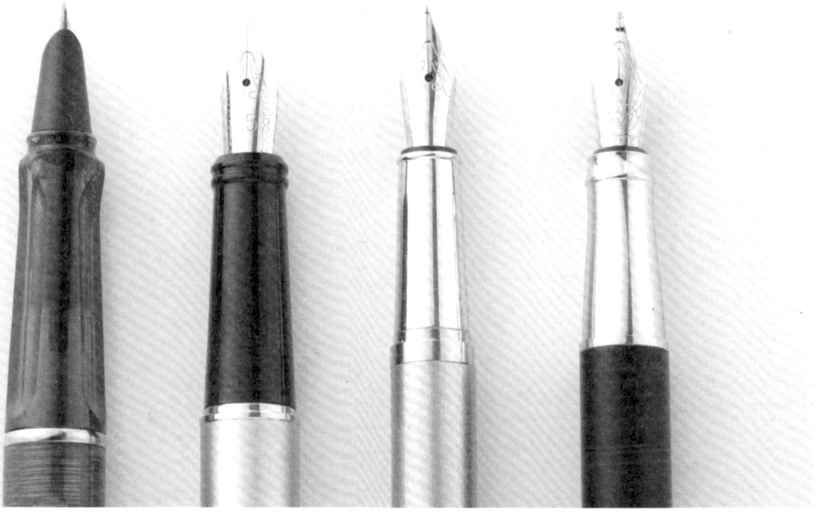

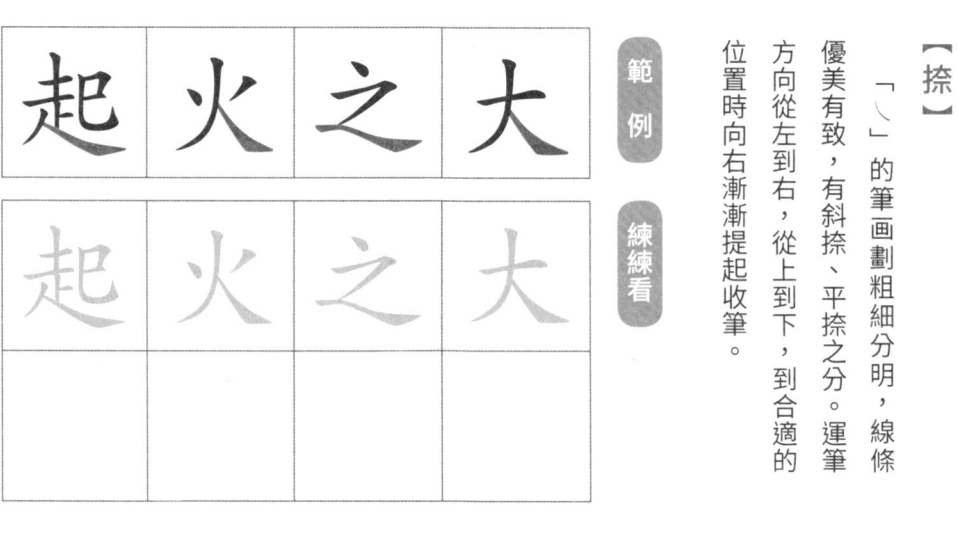

美字再進化，字間架構抓住平衡點

漢字以外形來看就是「方正」，筆畫與筆畫之間的均等，會影響到字的美感，間隔太大字就鬆散，太小字就顯得擁擠，掌握好字間架構，字穩就有力！

字間架構，主要分成「獨體字」和「合體字」兩大類，但由於在書寫上的次序有「先上後下」、「先左後右」、「先橫後直」、「先撇後捺」的筆順，因此在「合體字」部分會再做細分，就像是幫字打地基，如此一來，即不會影響到書寫的流暢度，地基穩固，字體端正，當然就好看囉！

【獨體字】

凡指不能折分成左右或上下兩個以上的單獨字體，書寫時以左至右進行字體架構。例如，心、不、自、車、木、鳥等都稱為「獨體字」。

心　自

【合體字】

由左右結構為主，將字形其部首分成左右的方式排列。例如，訶、般、波、經。

般　波

【上下結構】

字形以二個到三個以上部首，由上至下的排列方式，書寫時以為「先上後下」進行字間架構。例如，若、蜜、皆、至。

若　蜜

【包圍結構】

由外向內將字體圈住，以文字中間部首做為穩固整個字形的平衡美。其包圍可分為：

①四方包圍：字體會看起來像個方形字。如：圖、園

圖

②三方包圍：在中間的筆畫要均衡分散。如：閒、同

同

③兩面包圍：又分為「左上包圍」、「右上包圍」及「左下包圍」三種。其書寫順序，也分為由外至內的寫法及由內至外寫法。如：摩、遠、乃。

摩

每日五分鐘，字愈寫愈美

剛練可能會有點不順手，但只要能持之以恆，讓手慢慢找到書寫的啟動模式，相信自己，每天花個五分鐘，你會發現字是愈寫愈美了。

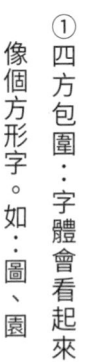

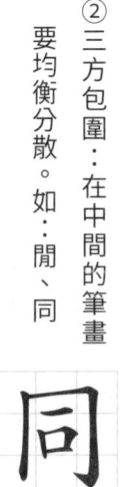

每日5分鐘，
針對五大負面情緒
找到解憂、靜心字句

透過重覆抄寫一字一句的經文中，從紛擾生活中找回平靜的內心，得到安寧自在，超脫自己的真智慧。

即使每天精神奕奕過日子，偶爾還是會陷入莫名的沮喪，心頭覺得難受。透過抄寫經文，相信定能一掃憂悶的情緒以及孤獨感，心情也會變得輕鬆。

空 ㄎㄨㄥ

「空」，有海闊天空之意。心情沮喪、難過時。重覆抄寫著「空」字，一邊想像如寬闊的晴朗天空，與令人放鬆的海洋，是不是心情就被釋放了。

空 空 空 空 空 空

心 ㄒㄧㄣ

心之所向。別讓這沮喪的心情隔絕了外在的訊息，看不見自己的內心哦！

心 心 心 心 心 心

如（ㄖㄨˊ）是（ㄕˋ）皆（ㄐㄧㄝ）空（ㄎㄨㄥ）

意指著五蘊即是空的一切法。其包含了一切事物本該如此，不該太過於執著。不執著就不會掛心，就能以平常心面對自己內心的想法。所以請用一種猶如清風輕輕拂過的心情來抄寫吧！

如是皆空

如是皆空

色即是空
空即是色

色即是空，指萬事萬物的本質都空，所以我們有必要的時候，要學會放下，不需太死心眼的執著。反過來，當我們拋開一切的雜念和慾望之時，即能面對回歸到現實的物質上。除此之外，重覆的抄寫，會領略離苦得樂的好心情。

色即是空　空即是色

觀自在菩薩

ㄍㄨㄢ ㄗˋ ㄗㄞˋ ㄆㄨˊ ㄙㄚˋ

「觀」，有觀照之意，而自在是對照自己內心的自我。般若心經，稱觀音菩薩爲觀自在菩薩。意味著我們一直受到菩薩的守護。所以，在我們覺得沮喪鬱悶時，抄寫吧，讓我們可以快點回復自在的力量！

觀自在菩薩

觀自在菩薩

舍利子

ㄕㄜˋ ㄌㄧˋ ㄗˇ

「舍利子」爲釋迦牟尼佛的弟子舍利佛，以智慧著稱。所以，只我們以心呼喚「舍利佛」時，如同有人可以回應你。慢慢去了解，所有的事物都由心生，在抄寫時，也能慢慢把心放寬，這是空性萬法的基礎啊！

舍利子

舍利子

舍利子

情感煩惱迷惘時抄寫

經常遇到左右為難，無法當下做選擇，而起的煩惱心和迷惘時，不妨好好靜下心來，千萬別讓情緒所困，要學著轉念化解低潮，把持正面的能量思考。把心放空專心抄寫這些詞句吧，會讓煩惱或迷惘頓時消失，重新找到自己的方向。

無 ㄨˊ

「無」，沒有。當一個人不執著，不害怕時，就沒有任東西可以阻擋了。那麼心中必定安然，在一邊抄寫「無」這個字，心裡的茫然和焦慮是否真實存在？寫著，寫著，心也豁然開朗起來了。

無 無 無 無 無 無

明 ㄇㄧㄥˊ

「明」有光明，內心澄明之意。相反的，若有煩惱迷惘時，我們的心就會走入黑暗的狀態即「無明」。然而，無明中並沒有實體。無論多麼黑暗的心情中，只要能有一絲光明照進來，便能使內心變得明亮，而找到自己的方向。

明 明 明 明 明 明

苦ㄎㄨˇ厄ㄜˋ

「苦厄」，也有著苦難，災厄之解釋。在心經中，「照見五蘊皆空。度一切苦厄。」意即看透一切，而不讓外在的意見和眼光來左右我們的心志，那麼即使面對再大的困擾與挑戰，我們都能重新站起來，苦厄會讓我們愈來愈有力量！

苦厄

苦厄

苦厄

苦厄

摩ㄇㄛˊ訶ㄏㄜ

摩訶是古印度梵語的音譯詞「moha」，有著廣大、眾多之意。是希望每個人都有大智慧來解決、超越一切煩惱事。不要讓任何不好的想法，停留在我們的思潮裡。摩訶、摩訶，就讓眼前的煩惱與迷惘一掃而空吧！

摩訶 摩訶 摩訶 摩訶

般若
ㄅㄛ ㄖㄜˇ

般若（bō rě），梵語的譯音，有智慧之意。是以透過根本的、原本的、一切智慧到達解脫彼岸之心的經典。然而，無論修行多深，人都無法到達佛的智慧。面對人生的生死無常，或是無法超越心境時，「般若」兩字，能讓心平靜，脫離煩惱。

般若

般若

般若

般若

不生不滅

ㄅㄨˋ ㄕㄥ ㄅㄨˋ ㄇㄧㄝˋ

續般若心經中的「諸法空相」，訴求其一切法可分成「有爲法」與「無爲法」兩種。其中；無爲者，不生、不滅。並非意謂不會有煩惱苦難產生，而是所有事物都會變化。爲了讓自己不爲煩惱所苦，那麼請抄寫「不生不滅」這四個字吧！

不生不滅

不生不滅

不垢不淨

ㄅㄨˋ ㄍㄡˋ ㄅㄨˋ ㄐㄧㄥˋ

「垢」有著污垢之意，在心裡的煩惱或各種苦悶都是因「垢」而起。而「垢」的相對面就是「淨」。所以能用智慧去看這件事，可說是「煩惱即菩提」，一旦我們領悟了所有事情都有一體二面時，是不是就能突破煩惱，找回自己的心念。

不垢不淨

不垢不淨

不增不減

ㄅㄨˋ ㄗㄥ ㄅㄨˋ ㄐㄧㄢˇ

這句話在於「增與減」的關係。很多時候，我們看似表面上好像增加了，其實也在無形中減少某些元素，如同宇宙的能量不滅法。就好比增加賺錢機會，卻少了陪伴家人時間。這不增不減中，也就是告訴我們，別太過執著自尋苦惱，才能夠超越自我。

不增不減　不增不減

精神無法集中時抄寫

面對應接不暇的工作，長期處於情緒緊張的狀況下，明明知道有堆積如山事要處理，卻無論如何也提不起勁來。發現自己萎靡不振時，挑選能讓心專注的詞句吧！

行 ㄒㄧㄥˊ

行，有修行、執行之意。想要成就某事時，就不要猶豫不決，實際去做很重要。一旦做了自然而然就會集中精神，心情也跟著豁然開朗。

行 行 行 行 行 行

道 ㄉㄠˋ

佛教中有八條正道，亦即「八正道」。而第一道便是「直視正前方」。猶豫不決時，試著摒除外在紛擾，聆聽內心的聲音。「道」字的抄寫，想必能看見自己該走的道路。

道 道 道 道 道 道

究竟 ㄐㄧㄡˋ ㄐㄧㄥˋ

究竟，有代表至最高，到達極點之意。也就是指最高的天上界。般若心經中的「究竟涅槃」。在抄寫的同時，能讓人心生領悟，一步一步的朝目標前進，從此能遠離煩惱的事。

究竟 究竟 究竟 究竟

意識
ㄧˋ ㄕˋ

「意」，有意志、意識、心靈之意。佛教中「眼、耳、鼻、舌、身、意」意指我們身體的五官和心意合稱爲「六根」。而靠六根所感覺認知到的稱爲「六識」。能讓我們啓動執行的能力，好解決問題。

意識

意識

意識

意識

無ㄨˊ老ㄌㄠˇ死ㄙˇ

人來世間一遊，自然會面臨生、老、病、死，各種苦痛。在佛教裡，稱之爲「四苦」，若再加上無法隨心所欲，稱之爲「八苦」。面對老死，是我們任何人都無法避免的。既然如此，又何必要爲此所苦呢。

無老死

無老死

無老死

無所得 ㄨˊ ㄙㄨㄛˇ ㄉㄜˊ

無所得，有著承上啓下的作用。這句話並非說明修行沒有用，而是不需拘泥特定的修行。就像，我們把內心的雜亂都倒空了，就能裝入新的事物，所以當我們什麼都提不起勁時，抄寫這三個字吧！會發現「無欲則剛」時，就什麼都不怕了。

無所得

無所得

無所得

遠離一切

ㄩㄢˇ ㄌㄧˊ ㄧˊ ㄑㄧㄝˋ

禪宗祖師所曾說「千年暗室，一燈即破」。而遠離顛倒夢想，指的便是我們心中的各種看法和妄想，若能遠離或跳脫自我心中的妄念，便能看清本來的眞實意義。所以，當我們覺得迷惘時，「遠離一切」這四字，能讓我們遠離煩憂，重拾平靜的心。

遠離一切

遠離一切

諸法空相

ㄓㄨ ㄈㄚˇ ㄎㄨㄥ ㄒㄧㄤ

空，有著空虛之意。諸法空相，包含了我們每個人的外在與內在。也包含被佛廣大的慈悲光芒所包圍著的「法界」這一詞。若是最近有種老是提不起勁或被太多瑣事煩擾時。這句「諸法空相」會讓我們所有的煩惱都成空。不執著，不計較，那麼心便自在了。

諸法空相

諸法空相

心情煩躁不安時抄寫

累積下來，就形成一種壓力，而在心情煩躁或有不安感出現時，要如何學會控制自己的情緒找到出口呢？專心一意抄寫《心經》來面對實相。只要瞭解原因，相信就能找到脫離煩躁的方法。

時 ㄕˊ

我們若常陷在低落的情緒裡，人就失去了動力。抄寫「時」，把不快樂的心情化成流動的時間，在這過程中，累積出體悟，下一刻又是嶄新的時刻，讓心情煥然一新。

時 時 時 時 時 時

故 ㄍㄨˋ

在般若心經中「故」這一字，通常有承上啓下之意，說明很多事情的發生未必事出無因。所以，當心情感到焦躁不安時，一定是有什麼原因。那麼，從這一個字去忘卻煩惱事吧！

故 故 故 故 故 故

無明 ㄨˊ ㄇㄧㄥˊ

在佛教的術語中，無明有煩惱的別稱。心裡的暗沉封閉就是一種無明的狀態。一旦我們的心處在焦慮煩躁的緊張情緒下，就會讓人產生孤單的疏離感，也容易自暴自棄，陷入黑暗的深淵裡。寫「無明」兩字吧！無論多麼漆黑的黑暗，只要打開心門讓光進來，黑暗就會立即消散。若對各種人事執著放不開，是難以打開心門的哦。

無明

無明

無明

無明

恐怖

ㄎㄨㄥˇ ㄅㄨˋ

會讓人心生恐懼與不安的情緒，是如何產生的呢？最大的原因是來自對自己缺乏信心，容易受到外界的影響，而走入迷惘，焦躁不堪。心經中有「恐怖」這兩字也是有佛力的運作，面對「恐怖」的眞面目，就會產生力量，堅持到底，對事情就能平靜地對應囉。

恐怖
恐怖
恐怖
恐怖

涅槃 ㄋㄧㄝˋ ㄆㄢˊ

原文是梵語中叫做「Nibbāna」，意謂圓寂、寂滅、解脫、被熄滅的狀態。在佛教的教義中認爲，涅槃有帶著遠離煩惱，自痛苦中解放開來的意義，是修行學佛的最高目標。面對人生的挫折、煩惱、生死之事時，抄寫「涅槃」二字，是會讓心慢慢地平靜下來，從煩躁的心情中解脫出來。

涅槃

涅槃

涅槃

涅槃

大明咒

ㄉㄚˋ ㄇㄧㄥˊ ㄓㄡˋ

「咒」，原文梵語爲「陀羅尼」。意思即總持，能總一切法，持一切義。向神佛祈禱唸誦的聖句。原來般若波羅蜜多「是大神咒，是大明咒，是無上咒，是無等等咒，能除一切苦，眞實不虛。」簡單的說，一邊抄寫這三字，一邊唸誦出來就能遠離一切痛苦、煩惱，有著讓心打開，思緒也會豁然開朗，如同在黑暗中見到光明。

大					
明					
咒					
大					
明					
咒					
大					
明					
咒					

三世諸佛

ㄙㄢ ㄕˋ ㄓㄨ ㄈㄛˊ

三世，指的是過去世、現在世與未來世的時間。在佛教成立時，釋迦牟尼佛稱爲現在佛，而在這之前稱爲過去佛，而之後則稱爲未來佛。三世諸佛，爲出現有著不可思議的救護力量的十方一切佛。因此，面對人生總總難以理解的問題時，請抄寫「三世諸佛」吧！一想到大千世界中有三世諸佛的救護存在，我們又何需懼怕呢。

三世諸佛

三世諸佛

波羅蜜多

ㄅㄛ ㄌㄨㄛˊ ㄇㄧˋ ㄉㄨㄛ

原文是梵語中的「Pāramitā」，簡稱爲「波羅蜜」。意思是智慧和持戒等六個項目修行完成，即可到達彼岸，也其意爲「究竟、到彼岸」。波羅蜜多這句能讓心轉向。就是能有般若的大智慧，去超越生死，離開煩惱和苦悶的自在心境。

波羅蜜多

波羅蜜多

憤怒難消時抄寫

當一個人憤怒到了極點，會讓人失去理智思考，做出無法收拾的決定。為了讓情緒降溫或是解開心中的芥蒂很重要。也為了不被負面能量影響思考，那麼透過抄寫《般若心經》的經句，一掃憤怒的力量吧。

經 ㄐㄧㄥ

「經」，爲古印度人叫「速達辣」，音譯爲「修多羅」。常做義理、準則與法制之說，或是被尊奉爲典範的著作稱之爲「經典」也就是人生的規範。抄寫「經」字，可讓人找到一個正確的方向，不再憤恨難平了。

經 經 經 經 經 經

法 ㄈㄚˇ

自然界的一切法則、社會的法律與規定及擁有廣泛的意思。也是道理或道路的「路程」，在法的光照之下不要偏離「正道」很重要。抄寫「法」字，可以讓人不迷失自我。

法 法 法 法 法 法

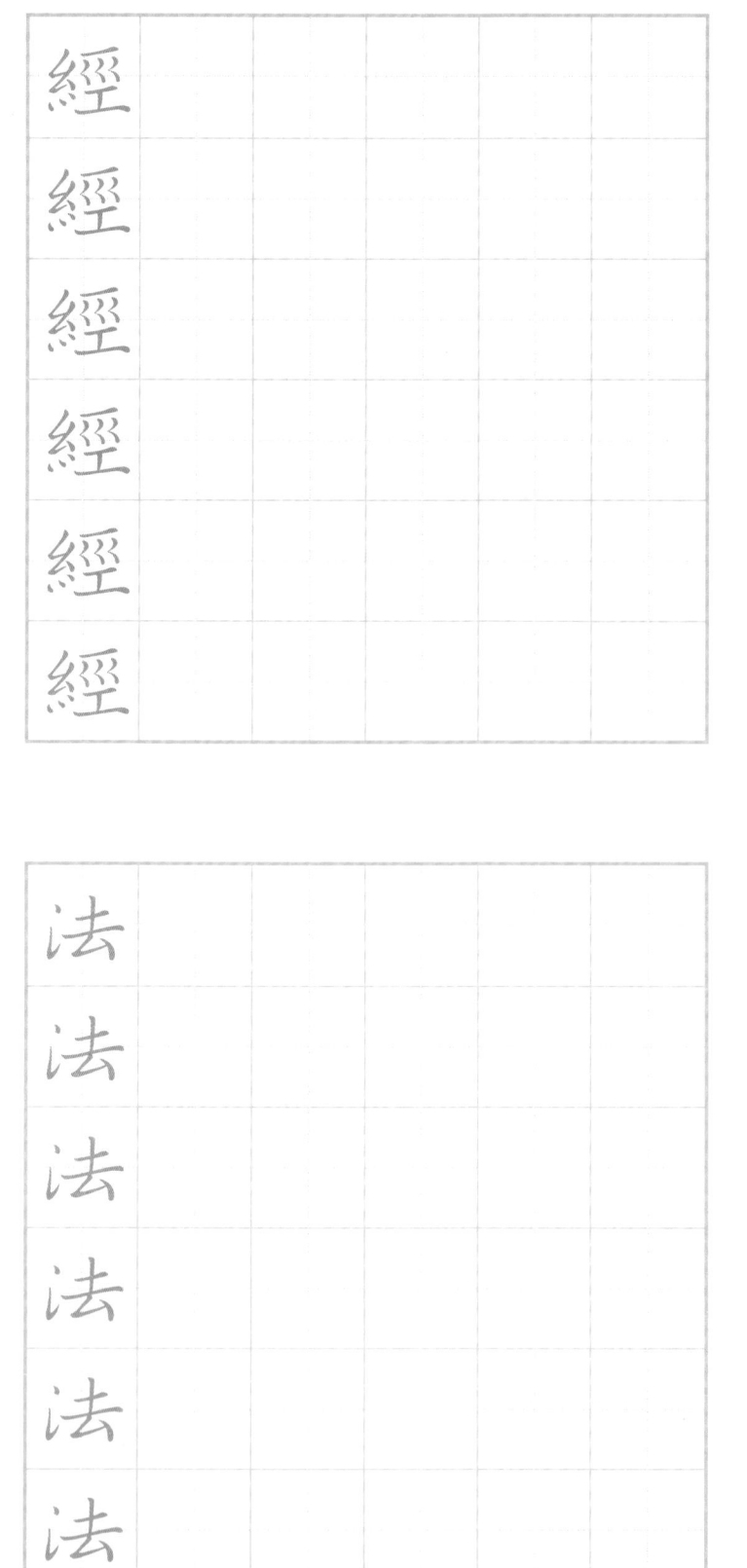

照見

ㄓㄠˋ ㄐㄧㄢˋ

般若心經中有「照見五蘊皆空」這句話。而這「五蘊」都互有關係且持續變化，其存在卻只是表象，沒有實體。只是我們的心容易被某事物所束縛時，就會感到憤怒與不滿。「照見」二字，會用心「觀」，讓心澄明。如此一來，很多事情就會心神會通了。

照見

照見

照見

照見

菩提薩埵

ㄆㄨˊ ㄊㄧˊ ㄙㄚˋ ㄉㄨㄛˇ

菩提薩埵原文是梵語的「bodhisattva」，菩提譯爲覺悟，薩埵譯爲有情，或眾生。簡稱就是菩薩，所以菩薩又稱大覺有情，覺有情等。有「尋求開悟修行之人」之意。也有呼叫「行菩薩道的人啊」之意。所以無論遇到多糟的狀況都不要發怒，快抄寫「菩提薩埵」，會讓人產生勇氣面對困難。

菩提薩埵　菩提薩埵

心無罣礙

ㄒㄧㄣ ㄨˊ ㄍㄨㄚˋ ㄞˋ

罣礙是指心中有所芥蒂，內心被牽引的意思。若心中沒有太多的牽掛負擔，那麼心情自然就輕鬆起來，既不會患得患失也不會增生苦惱或憤怒。經常抄寫「心無罣礙」四字，就如同掃除內心灰塵。放下吧，讓一切的憤怒難消之事就此煙消雲散吧！

心無罣礙

心無罣礙

真實不虛

ㄓㄣ ㄕˊ ㄅㄨˋ ㄒㄩ

「眞實」，指的是佛教的教誨是眞切實在，毫不虛妄。眞實是覺醒。譬如直覺到「自己並非無法獨自一人生存下去」，這樣的覺醒就是佛的實相。人若不被憤怒所束縛，就不受負面情緒所影響，那麼好運也就跟著來，這是眞的，一點也不假喲！

真實不虛

真實不虛

揭（ㄐㄧㄝ）諦（ㄉㄧˋ）揭（ㄐㄧㄝ）諦（ㄉㄧˋ）

在了解了眞實不虛的道理後，能放下執著的心，那麼就唸個咒語吧！「揭諦，揭諦，波羅揭諦，波羅僧揭諦，菩提薩婆訶。」「揭諦」是去、到的意思。「波羅揭諦」就是到彼岸去的意思。一心一意抄寫這四個字或唸咒此眞言，心就會被眞實的光所照耀。

揭諦揭諦

揭諦揭諦

般ㄅㄛ若ㄖㄜˋ心ㄒㄧㄣ經ㄐㄧㄥ

《心經》是玄奘法師到印度取經，一路上遇到各種艱難險阻所持誦的。般若的基本含意是智慧，在心經開頭就有「摩訶般若波羅蜜多心經」。最後，再一次抄寫「般若心經」這是習慣。讀經的時候也一樣，而且般若心經的「心經」可謂是佛教教誨的核心。重覆抄寫或唸誦經題，會讓心變得堅定。

般若心經

般若心經

摩訶般若波羅蜜多心經

觀自在菩薩

註 這是偉大的般若波羅蜜多心經。
觀自在菩薩，

行深般若波羅蜜多時
照見五蘊皆空度一切苦厄

註 修行至如波羅蜜多至深境界時，
洞悉一切人事物本爲空，因而開悟，超脱一切苦厄。

舍利子色不異空空不異色

色即是空空即是色

註 佛的弟子舍利子啊，我曉諭你們世人色也就是空，空也就是色。

受想行識亦復如是

舍利子是諸法空相

註 受（感受）・想（思想）・行（行爲）・識（意識）也都如此空虛不實。
舍利子啊。世間萬物皆爲虛空，

不生不滅不垢不淨不增不減
是故空中無色無受想行識

註 不生也不滅，不垢也不淨，不增也不減。
因此，這個「空」裡並無五蘊之色。也沒有受、想、行、識。

無眼耳鼻舌身意
無色聲香味觸法

註 也沒有眼根、耳根、鼻根、舌根、身體、意根等六根。
也沒有眼見、耳聞、鼻嗅、舌嘗、身受、意識。

無眼界乃至無意識界
無無明亦無無明盡

註 眼中所見的世界到意識的世界，全是無。
無明是沒有，而無明也沒有盡頭。

乃至無老死亦無老死盡

無苦集滅道無智亦無得

註 而老與死也是無。也沒有盡頭。
行在消滅苦與集的修行之路也是無。智慧也是無，修行後得到的也是無。

以無所得故菩提薩埵

依般若波羅蜜多故

註 由於一切無所得，
尋求開悟而走上菩薩道之人，唸誦般若波羅蜜多經文。

心無罣礙無罣礙故無有恐怖

遠離顛倒夢想究竟涅槃

註 心中便無阻礙。也就沒有恐懼，遠離一切煩憂，
遠離錯誤的思想、妄想，到達極樂（開悟）的境界。

三世諸佛依般若波羅蜜多故

得阿耨多羅三藐三菩提

註 過去、現在、未來的三世諸佛，唸誦般若波羅蜜多經文，
獲得至高無上的頓悟。

故知般若波羅蜜多是大神咒

是大明咒是無上咒是無等等咒

註 因此必須明白，般若波羅蜜多，
是大神咒是大明咒也是至高無上的咒語。

能除一切苦真實不虛

故說般若波羅蜜多咒即說咒曰

註 無可比擬的咒文。能消除世間一切的苦。真實不是虛假。
因此需立即持誦般若波羅蜜多咒語。

揭諦揭諦
波羅揭諦
波羅僧揭諦
菩提薩婆訶

註 揭諦揭諦，波羅揭諦，
波羅僧揭諦。成就圓滿的智慧，幸福美滿。

跟著大師寫心經

心經，雖只有短短 260 個字，卻是被誦持和流傳最廣的一部佛教經典。古往今來，不少著名書法名家，都在抄寫經文中，體悟人生的真實意，也獲得內心的平靜。

跟著大師抄寫心經，不是真的想成為大師，而是在靜靜的抄寫經文中，與大師一同地發現自己的美好，也讓書寫成為享受生活中的靜心時光！

弘一法師

1880 ~ 1942

本名：李叔同，一九一八年後剃度爲僧，法名演音，號弘一，晚號晚晴老人。是中國近現代佛教史上最傑出的一位高僧，同時也是著名的藝術家、思想家與教育家。並將中國書法藝術推向極致。

般若波羅蜜多心經
觀自在菩薩行深般若波羅
蜜多時照見五蘊皆空度一切苦厄
舍利子色不異空空不異色色即是
空空即是色受想行識亦復如是舍
利子是諸法空相不生不滅不垢不
淨不增不減是故空中無色無受想
行識無眼耳鼻舌身意無色聲香味
觸法無眼界乃至無意識界無無明

亦無無明盡乃至無老死亦無老死
盡無苦集滅道無智亦無得以無所
得故菩提薩埵依般若波羅蜜多故
心無罣礙無罣礙故無有恐怖遠離
顛倒夢想究竟涅槃三世諸佛依般
若波羅蜜多故得阿耨多羅三藐三
菩提故知般若波羅蜜多是大神咒
是大明咒是無上咒是無等等咒能
除一切苦真實不不虛故說般若波
羅蜜多咒即說咒曰揭諦揭諦波羅
揭諦波羅僧揭諦菩提薩婆訶

王羲之

303 ~ 361

字逸少。東晉書法家，有書聖之稱。其最著名的《蘭亭集序》等帖，被譽爲「天下第一行書」，是晉代書法成就的代表。其《心經》以《大唐三藏聖教序（附心經）》爲底本，充分表現出書法的特點與韻味。

般若波羅蜜多心經

觀自在菩薩行深般若波羅蜜多時照見
五蘊皆空度一切苦厄舍利子色不異空空
不異色色即是空空即是色受想行識亦復
如是舍利子是諸法空相不生不滅不垢不淨
不增不減是故空中無色無受想行識無眼
耳鼻舌身意無色聲香味觸法無眼界
乃至無意識界無無明亦無無明盡乃至無

老死亦無老死盡無苦集滅道無智亦無得
以無所得故菩提薩埵依般若波羅蜜多故心
無罣礙無罣礙故無有恐怖遠離顛倒夢想
究竟涅槃三世諸佛依般若波羅蜜多故得
阿耨多羅三藐三菩提故知般若波羅蜜多是
大神咒是大明咒是無上咒是無等等咒能除
一切苦真實不虛故說般若波羅蜜多咒即
說咒曰

揭諦揭諦 般羅揭諦
般羅僧揭諦 菩提莎婆訶

董其昌

1555 ~ 1636

字玄宰，號思白、香光居士。其才華洋溢，通禪理、擅書畫及理論。是明代后期著名書法家，影響最大的書畫家。作此心經，正值官場困局，因此欲度苦厄之心境。

般若波羅蜜多心經
觀自在菩薩行深般若波羅蜜多時照見
五蘊皆空度一切苦厄舍利子色不異空空不異
色色即是空空即是色受想行識亦復如是
舍利子是諸法空相不生不滅不垢不淨不增
不減是故空中無色無受想行識無眼耳鼻
舌身意無色聲香味觸法無眼界乃至無意識
界無無明亦無無明盡乃至無老死亦無老死盡

無苦集滅道無智亦無得以無所得故菩提薩
埵依般若波羅蜜多故心無罣礙無罣礙故無
有恐怖遠離顛倒夢想究竟涅槃三世諸佛
依般若波羅蜜多故得阿耨多羅三藐三菩提
故般若波羅蜜多是大神呪是大明呪是無上
呪是無等等呪能除一切苦真實不虛故說般
若波羅蜜多呪即說呪曰
揭諦揭諦　般羅揭諦
般羅僧揭諦　菩提莎婆呵

般若波羅密多心經

觀自在菩薩行深般若波羅
密多時照見五蘊皆空度一切苦厄
舍利子色不異空空不異色色即是
空空即是色受想行識亦復如是舍
利子是諸法空相不生不滅不垢不
淨不增不減是故空中無色無受想
行識無眼耳鼻舌身意無色聲香味
觸法無眼界乃至無意識界無無明
亦無無明盡乃至無老死亦無老死

盡無苦集滅道無智亦無得以無所
得故菩提薩埵依般若波羅密多故
心無罣礙無罣礙故無有恐怖遠離
顛倒夢想究竟涅槃三世諸佛依般
若波羅密多故得阿耨多羅三藐三
菩提故知般若波羅密多是大神呪
是大明呪是無上呪是無等等呪能
除一切苦真實不不虛故說般若波
羅密多呪即說呪曰揭諦揭諦波羅
揭諦波羅僧揭諦菩提薩婆訶

般若波羅蜜多心經

觀自在菩薩行深般若波羅蜜多時照見

五蘊皆空度一切苦厄舍利子色不異空空

不異色色即是空空即是色受想行識亦復

如是舍利子是諸法空相不生不滅不垢不淨

不增不減是故空中無色無受想行識無眼

耳鼻舌身意無色聲香味觸法無眼界

乃至無意識界無無明亦無無明盡乃至無

老死亦無老死盡無苦集滅道無智亦無得
以無所得故菩提薩埵依般若波羅蜜多故心
無罣礙無罣礙故無有恐怖遠離顛倒夢想
究竟涅槃三世諸佛依般若波羅蜜多故得
阿耨多羅三藐三菩提故知般若波羅蜜多是
大神咒是大明咒是無上咒是無等等咒能除
一切苦真實不虛故說般若波羅蜜多咒即
說咒曰
揭諦揭諦 般羅揭諦
般羅僧揭諦 菩提薩婆訶

般若波羅蜜多心經

觀自在菩薩行深般若波羅蜜多時照見

五蘊皆空度一切苦厄舍利子色不異空空不異

色色即是空空即是色受想行識亦復如是

舍利子是諸法空相不生不滅不垢不淨不增

不減是故空中無色無受想行識無眼耳鼻

舌身意無色聲香味觸法無眼界乃至無意識

界無無明亦無無明盡乃至無老死亦無老死盡

無苦集滅道無智亦無得以無所得故菩提薩
埵依般若波羅蜜多故心無罣礙無罣礙故無
有恐怖遠離顛倒夢想究竟涅槃三世諸佛
依般若波羅蜜多故得阿耨多羅三藐三菩提
故般若波羅蜜多是大神呪是大明呪是無上
呪是無等等呪能除一切苦真實不虛故說般
若波羅蜜多呪即說呪曰
揭諦揭諦　般羅揭諦
般羅僧揭諦　菩提莎婆呵

國家圖書館出版品預行編目資料（CIP）資料

跟著大師寫心經（忘憂版）：一日一禪語，遇見美好的自己／愛生活編輯部作. – 初版. -- 新北市：大風文創股份有限公司, 2021.12
面；　公分
ISBN 978-626-95315-1-6（平裝）

1.般若部
221.45　　110017949

《跟著大師寫心經》
一日一禪語，遇見美好的自己

編著 / 愛生活編輯部
主編 / 王義馨
美編 / N.H.design
發行人／張英利
出版者／大風文創股份有限公司
電話／ 02-2218-0701
傳真／ 02-22180-704
地址／新北市新店區中正路 499 號 4 樓
E-Mail ／ rphsale@gmail.com
Facebook ／大風文創粉絲團
https://www.facebook.com/windwindinternational
初版一刷／ 2021 年 12 月

台灣地區總經銷 / 聯合發行股份有限公司
電話 /（02）2917-8022 傳真 /（02）2915-6276
地址 / 231 新北市新店區寶橋路 235 巷 6 弄 6 號 2 樓

香港地區總經銷 / 豐達出版發行有限公司
電話 /（852）2172-6533 傳真 /（852）2172-4355
地址 / 香港柴灣永泰道 70 號 柴灣工業城 2 期 1805 室